LES CINQ SENS,

BALLET-PANTOMIME EN TROIS ACTES ET CINQ TABLEAUX

DE MM. DUMANOIR ET MAZILIER ;

MUSIQUE DE M. ADOLPHE ADAM ;

DÉCORATIONS DE MM. CAMBON ET THIERRY,

REPRÉSENTÉ POUR LA PREMIÈRE FOIS, A PARIS, SUR LE THÉATRE DE L'ACADÉMIE ROYALE DE MUSIQUE, LE 14 FÉVRIER 1848.

DISTRIBUTION DE LA PIÈCE.

WLADISLAS, roi de Bohême.......... M. MAZILIER.
LE PRINCE ELFRID, son fils.......... M. PETIPA.
JACOBUS, écuyer du jeune prince....... M. BERTHIER.
GRISELDIS..................... Mlle CARLOTTA GRISI.
UN AMBASSADEUR................. M. LENFANT.
HASSAN, gouverneur de Belgrade........ M. MONNET.
LES FEMMES D'HASSAN.
SEIGNEURS BOHÉMIENS ET MOLDAVES.
DANSEUSES.
MUSICIENNES.
JARDINIÈRES.
CHASSEURS, CAVALIERS ET DAMES.
UN HÔTELIER ET SES VALETS.
PAYSANS.
SOLDATS.
VALETS.

La scène se passe d'abord en Bohême, puis en Moldavie

1848

DIVERTISSEMENTS.

ACTE PREMIER.

DEUXIÈME TABLEAU.

M. Théodore, Mlles Maria, Robert.
Mlles Caroline, Kolhnberg.
Mlle Carlotta Grisi.
MM. Toussaint, Maugin, Mlles Fleury, Barré, Lacoste, Nathan,
Jeunot, Danse.

QUATRIÈME TABLEAU.

Mlle Adèle Dumilâtre.

CINQUIÈME TABLEAU.

M. Petitpa, Mlle Carlotta Grisi.

—◦●◦—

NOTA. La musique du ballet des CINQ SENS, composée par M. AD.
ADAM, ainsi que les valses, polkas, mazurkas, quadrilles, etc., etc.,
se trouvent au BUREAU CENTRAL DE MUSIQUE, 95, rue Richelieu.

ACTE PREMIER.

PREMIER TABLEAU.

A Prague. — Une gâlerie de la résidence royale, d'où la vue s'étend sur un
parc.

SCÈNE I.

LE PRINCE ELFRID, JACOBUS, MUSICIENNES ET DANSEUSES.

Elfrid est assis nonchalamment, à demi couché, presque endormi, pendant que des jeunes filles exécutent sous ses yeux des
danses et forment des groupes variés. D'autres jeunes filles, placées
en face d'Elfrid, jouent de divers instruments. Une lutte de coquet-
terie est engagée entre les danseuses : c'est à qui, plus légère et
plus gracieuse, provoquera l'attention du jeune prince. Mais Elfrid, insensible, glacé, n'a pas de regards pour elles, et les sons
des divers instruments ne semblent pas même parvenir à ses
oreilles. Jacobus, au contraire, est enivré de tout ce qu'il entend,
de tout ce qu'il voit : de cette mélodie, de ces regards lascifs, de
ces poses amoureuses. Il va des musiciennes aux danseuses, d'une
jeune fille à l'autre, et ne saurait laquelle choisir, s'il était l'objet
de tant de délicieuses provocations... Mais, hélas ! il faut qu'il
s'arrête à la porte de ce paradis, ouvert au jeune prince, son
maître. Il s'approche respectueusement d'Elfrid.

— « Comment, monseigneur, pouvez-vous rester froid et inanimé en face de ces houris, de ces sirènes?... Regardez donc ce visage qui vous sourit... admirez les contours de ce corps souple et voluptueux...: Voyez celle-ci... voyez celle-là!... » Mais Elfrid, souriant d'un air mélancolique, daigne à peine lever les yeux...

Deux danseuses lui présentent une corbeille de fleurs et une cassolette où brûlent des parfums. Il les remercie, en écartant de la main les parfums et les fleurs, que Jacobus prend et semble respirer avec délices.

Des valets apportent, sur un plateau d'or, un flacon et des coupes. Elfrid les repousse dédaigneusement. Jacobus saisit le flacon, se verse du vin et boit ; puis, il dit à Elfrid :

— « Vous n'aimez donc rien, monseigneur?... ni ce vin, ni ces fleurs, ni ces femmes ?... »

Elfrid détache d'une panoplie une carabine de chasseur. S'égarer au fond des bois, s'en aller, seul et rêveur, à la recherche d'un bonheur inconnu, mystérieux, entrevu dans ses rêves, voilà son seul plaisir, son seul amour. Il saisit ensuite un cor suspendu au faisceau d'armes, et le porte à sa bouche : voilà la musique qu'il aime, voilà le signal, l'appel auquel il n'a jamais manqué... Puis, voyant les jeunes filles s'approcher avec curiosité, il jette à Jacobus une bourse ; toutes les jeunes filles entourent l'écuyer, et celui-ci leur distribue des sequins, qu'elles reçoivent en sautant de joie.

SCÈNE II.

LES MÊMES, LE ROI.

Le roi s'approche lentement, sans être vu. Il regarde avec tendresse le jeune prince, dont l'indifférence, la froideur l'étonne et l'afflige. Il touche l'épaule de Jacobus et lui montre Elfrid, qui s'est assis et semble plongé dans un demi-sommeil.

A la vue du roi, toutes les jeunes filles se sont inclinées avec respect.

— « Eh bien ?... dit le roi à Jacobus... toujours de même ?

— « Toujours de même, répond Jacobus... Les sons de ces instruments sont venus expirer à ses oreilles... Il n'a pas eu un regard pour toutes ces belles filles... il a repoussé ces fleurs... il a dédaigné ce vin... tandis que moi, ravi de joie, brûlant d'amour !... » Un regard du roi réprime les transports de Jacobus, qui termine ainsi : « Votre malheureux fils n'a pas de sens... pas de cœur ! »

Elfrid, qui vient d'apercevoir le roi, s'élance dans les bras de son père, le regarde avec amour, lui baise les mains, puis, se jette à ses genoux, en levant vers lui ses yeux humides de larmes, comme pour implorer la bénédiction paternelle. Le roi le relève, le presse sur son cœur, et regardant Jacobus d'un air de triomphe, semble lui dire :

— « Et tu oses prétendre que mon fils n'a pas de cœur !... Dis, si tu veux, que ses sens endormis n'ont pas encore parlé... mais ils se réveilleront un jour, et ce jour-là, cet enfant sera un homme !... »

Il prend ensuite la main d'Elfrid et lui demande toute son attention : car un grand dessein va lui être révélé. A un signe du roi, les portes s'ouvrent et des soldats se rangent au fond.

SCÈNE III.

Les Mêmes, UN AMBASSADEUR MOLDAVE *et* sa suite.

On introduit l'ambassadeur. Il se présente au nom de l'Hospodar de Moldavie, son maître, et vient demander au roi de Bohême la main du prince Elfrid pour la princesse, fille de l'Hospodar. Un officier de la suite de l'ambassadeur s'avance, portant une couronne d'or sur un coussin de velours. Le roi annonce à son fils l'alliance proposée, en plaçant la main d'Elfrid dans celle de l'ambassadeur et en lui montrant la couronne.

— « La femme qu'on vous offre, lui dit-il, est jeune, belle...

et elle vous apporte en dot la couronne que voici... Voulez-vous
être son époux ?... —Vous êtes mon père et mon roi, répond
Elfrid : mon devoir et mon bonheur sont de vous obéir. »

L'ambassadeur met un genou en terre et passe au doigt du
prince l'anneau des fiançailles, qu'Elfrid reçoit d'un air indif-
férent, en tendant l'autre main à son père. Le roi, au comble de
la joie, ordonne qu'on fasse tous les préparatifs pour le départ
d'Elfrid, que Jacobus accompagnera. Il embrasse son fils, et s'é-
loigne, suivi de l'ambassadeur.

Elfrid sort d'un autre côté, avec Jacobus, qui est tout fier de la
haute mission qu'on lui confie. Le théâtre reste vide.

SCÈNE IV.

Un jeune fille, en simple costume de bergère, paraît au fond,
épie le départ des personnages qui s'éloignent, s'assure qu'elle
est bien seule, et se glisse furtivement dans la galerie, où elle
s'arrête, tremblante d'émotion. Cette jeune fille, c'est Griseldis.

Elle regarde autour d'elle, et reconnaît les armes de chasse
du jeune prince. Elle est heureuse : elle aime tout ce qui lui
appartient, tout ce qu'il a touché. Mais sa joie est bientôt trou-
blée : car, en se retournant, elle a aperçu la couronne sur le
coussin de velours.

— « Eh quoi ! dit-elle, voilà sa fiancée !... Son cœur et sa vie
pour cette couronne... cet or..., ces pierreries... ces orgueilleux
emblèmes, qui promettent la puissance et ne donnent pas le
bonheur !... Non, non !... Je veux qu'il m'aime, moi, qui n'ai
pour diadème qu'une couronne de bleuets, et pour sceptre qu'une
houlette !... »

Après s'être assurée qu'on ne peut la surprendre, elle repousse la couronne d'or, la cache sous un voile, et, à sa place,

sur le coussin de velours, elle pose sa couronne de fleurs. « Car, se dit-elle, je suis jolie, moi... » Et elle tire de son corsage un médaillon, qu'elle regarde avec une joie enfantine. Elle examine alternativement le médaillon et sa figure reproduite par un miroir, et semble enchantée de la ressemblance du portrait. Elle s'arrête tout à coup, comme si elle entendait du bruit. — « On vient ! » Elle se blottit derrière le faisceau d'armes.

SCÈNE V.

Elfrid reparaît, rêveur et triste.

— « Cette femme, cette princesse qu'il va épouser, quelle est-elle?... L'aimera-t-il?... Il ne la connaît que par cette couronne qui est là... »

Il se retourne... ô surprise !... A la place du diadème, il ne voit qu'une couronne de bleuets !... Il la prend et la regarde étonné.

Griseldis, qui le suivait des yeux, passe derrière lui, s'avance sur la pointe des pieds et glisse furtivement sur le coussin de velours le médaillon qui contient son portrait, puis elle s'élance hors de la galerie.

SCÈNE VI.

Elfrid veut s'assurer de nouveau que le diadème n'est plus là, et cette fois il trouve le médaillon... Il le prend, le regarde... A la vue de ce portrait, un cri semble près de s'échapper de sa poitrine haletante, tous ses traits s'animent, ses yeux éteints brillent d'une flamme soudaine. Il regarde encore... et il porte la main à son cœur, comme pour en comprimer les battements. Il regarde toujours... Ce portrait de jeune fille, c'est son idéal ! c'est la femme inconnue qu'il a vue en songe ! c'est la fiancée de ses rêves !... Il presse le médaillon contre son sein, le couvre de baisers... il ne peut contenir la joie immense qui l'anime et l'embrase... Il sent !... il aime!... il vit !

SCÈNE VII.

Le roi rentre, suivi de Jacobus, de l'ambasssadeur et d'une cour nombreuse.

— « Voici, dit-il à Elfrid, le moment de nous séparer... Va, mon fils, va chercher ta belle et noble fiancée. »

— «Jamais !... s'écrie le jeune prince, avec une énergie qui les frappe, tous d'étonnement et de stupeur... Jamais !... Cette alliance qui m'est offerte, je la repousse!... la femme que j'aime, ma fiancée, mon épouse, la voici !...» et il montre au roi le portrait de Griseldis.

— « Quoi ! s'écrie le roi, cette jeune fille !... »

— « Ce n'est qu'une paysanne, une bergère!... » ajoute dédaigneusement Jacobus, en examinant le portrait.

Elfrid, leur présentant la couronne de bleuets : « Voici son modeste diadème.... mais elle sera ma reine, à moi, et je serai fier d'être son esclave ! »

Le roi, furieux, déclare qu'il résistera à ces folles et ridicules prétentions... Il est père !... il est roi !

— « Et moi, s'écrie Elfrid, je suis maître de mon cœur !...
—« Insolent !...» et Wladislas va maudire le fils qui le brave...

Elfrid tombe aux pieds de son père, étend vers lui ses mains suppliantes... la malédiction s'arrête sur les lèvres du roi... la tendresse du père est plus forte que l'orgueil du souverain... Wladislas tombe sur un fauteuil et s'efforce de cacher ses larmes.

Elfrid ne peut résister aux pleurs de son père, il se jette à son cou, lui demande grâce... Il obéira... Il est prêt à partir.

Elfrid jette sur le médaillon un dernier regard , lui donne un dernier baiser, un douloureux baiser d'adieu. Après ce suprême effort, il embrasse son père, s'éloigne, puis se retourne encore vers ceux qu'il quitte et dont les bénédictions vont l'accompagner.

FIN DU PREMIER TABLEAU.

DEUXIÈME TABLEAU.

L'Ouïe.

Une place de village.— A droite, au premier plan, une hôtellerie, avec cette enseigne : AU ROI DE BOHÉME. — Au deuxième plan, un massif d'arbres. —Au premier plan, à gauche, les ruines d'une vieille chapelle gothique, —Au fond, la maison d'un forgeron, celle d'un charron et la cabane d'un sabotier. — Au lever du rideau, il fait à peine jour, et toutes ces maisons sont encore fermées.

SCÈNE I.

Les gens du village, paysans et bergers, quittent leurs demeures et partent pour les champs. Ils se rencontrent, se serrent la main et forment divers groupes. Un des paysans indique aux autres l'hôtellerie du *Roi de Bohême*, et semble leur dire que d'illustres voyageurs y sont arrivés pendant la nuit. — Ils cherchent à voir ce qui s'y passe... mais Jacobus paraît et leur défend de trop approcher d'une maison qui abrite le fils de leur roi.

1.

— « Quel hôte glorieux pour le village!... Réjouissez-vous, leur dit Jacobus, dans ezsur cette place, en l'honneur du prince Elfrid.»

Ce divertissement est bientôt interrompu par l'apparition de Griseldis, qui passe, conduisant quelques chèvres.

SCÈNE II.

— « Quelle est donc cette jeune fille ?... se disent les paysans étonnés... nous ne la connaissons pas... c'est la première fois qu'on la voit dans ce village.»

On l'entoure, on l'interroge.—« Qui êtes-vous?...—Une simple chevrière. — D'où venez-vous?... — D'un pays bien éloigné... là-bas, là-bas. — Qu'elle est jolie ! » se dit-on.

Un des paysans semble lui adresser cette question : « Seule ainsi, sans un ami, sans une compagne, que faites-vous pour échapper à l'ennui et à la tristesse ?»

Elle montre une petite mandoline qu'elle porte sur le dos : — « Je chante, dit-elle, en m'accompagnant de cet instrument. — Et dansez-vous?—Oh! oui !... danser, c'est vivre !»

Elle confie sa houlette à un des paysans, et elle danse.— Après ce pas, tous les gens du village reprennent leurs instruments de travail et s'éloignent de différents côtés. Griseldis feint de les suivre, et, dès qu'ils ont tous disparu, elle revient et se dirige vers la porte de l'hôtellerie.

SCÈNE III.

— « C'est là qu'il est, se dit-elle!... c'est là qu'il a reposé cette nuit !... Comment lui dire que la pauvre petite chevrière est près de lui ?... — Ah !... continue-t-elle en montrant la mandoline... je saurai bien, sans qu'il me voie, lui dire que l'amour l'a suivi, qu'un cœur fidèle l'accompagne. »

Elle s'élance dans les ruines de la vieille chapelle.

SCÈNE IV.

Jacobus sort de l'auberge, suivi de l'hôtelier et de ses valets , auxquels il distribue de l'argent, Elfrid paraît ; tous aussitôt se découvrent, s'inclinent et sortent.

— « La journée s'avance, dit Jacobus au prince... il faut nous remettre en route.

— « Que m'importe?... répond tristement Elfrid... Partir ou rester... vivre ou mourir... que m'importe ?

— « Hâtons-nous, se dit Jacobus. Et il va donner des ordres pour le départ.

SCÈNE V.

Elfrid s'est assis sur un banc, a retiré de son sein le médaillon et le contemple en secouant la tête avec douleur. — « Où est-elle?... qui est-elle ?.. semble-t-il se dire... Ange mystérieux, qui as traversé mes rêves, tu as déployé tes blanches ailes et tu es remonté au pays des chimères... Adieu, pour toujours, adieu ! »

Tout à coup, des accords se font entendre... Elfrid tressaille, se lève, écoute... Une voix, qui vient des ruines de la chapelle, chante sur les accords :

LA VOIX.
Arrête, enfant, arrête !
Ne quitte pas ces lieux !

> Je suis la voix secrète,
> La voix qui vient des cieux.

Le chant a cessé. — Elfrid écoute encore et respire à peine. Jamais des sons plus doux, plus purs, plus délicieux n'ont charmé ses oreilles ; jamais voix humaine n'a ainsi pénétré jusqu'à son cœur. — C'est une volupté inconnue qui l'enivre, c'est un sens nouveau qui se révèle en lui.

— « Chante encore, chante toujours !... » semble-t-il dire, en se tournant vers la vieille chapelle.

Il écoute, il attend... d'autres accords répondent à sa prière.

LA VOIX.

> Grande voix des orages,
> Murmure des ruisseaux,
> Des forêts cris sauvages,
> Chants des petits oiseaux,
> Musique terrible ou touchante,
> Sons funèbres ou doux,
> Bruits de la terre, quand je chante,
> Taisez-vous, taisez-vous !...

Elfrid est demeuré rêveur. — « Ce chant céleste vient-il de ces ruines... de ce feuillage épais... ou du nuage qui passe ?... Est-ce la voix d'un ange... est-ce la voix d'une femme ? »

Une pensée soudaine brille dans ses yeux : il saisit précipitamment le médaillon. — « Oui ! un lien mystérieux unit ce visage qui lui sourit et cette voix qui lui chante !... Oui ! c'est la même créature, divine ou mortelle, ange, fée ou femme ! »

Elfrid s'élance à travers les ruines de la chapelle. Au même instant, Jacobus reparaît.

SCÈNE VI.

Elfrid revient, triste et déçu. — « Rien ! personne ! » Il aperçoit son écuyer, court à lui et lui raconte l'étrange scène qui vient de se passer. Jacobus secoue la tête, en souriant d'un air de doute. — « Encore une folie ! encore une vision ! » et il veut emmener Elfrid.

LA VOIX, *reprenant.*

Arrête, enfant, arrête !
Ne quitte pas ces lieux !...

De même qu'Elfrid, Jacobus demeure immobile : il écoute, et ses yeux expriment le ravissement qu'il éprouve... Mais il s'aperçoit bientôt de sa faiblesse, il en rougit et s'efforce d'arracher Elfrid à cette nouvelle séduction.

— « Venez, partons, fuyons !

— « Laissez-moi !... s'écrie le jeune prince, en se dégageant par un mouvement violent... nulle puissance humaine ne m'arrachera de ces lieux !... laissez-moi !

— « Que faire ? se dit Jacobus... Hier, c'était un portrait, aujourd'hui c'est une voix !... Que faire ? »

Frappé d'une idée subite, il appelle l'hôtelier, et ses valets, leur donne à la hâte des ordres, les fait sortir de différents côtés, et sort lui-même, enchanté de son projet.

SCÈNE VII.

Elfrid, qui s'est agenouillé au seuil de la chapelle, semble implorer l'ange dont les accents l'ont transporté au ciel.

La voix se fait entendre de nouveau... mais, cette fois, elle part du massif d'arbres. Elfrid, étonné, se précipite de ce côté.

LA VOIX.

Arrête, enfant, arrête !
Ne quitte pas...

Elle est interrompue tout à coup par des fanfares de cors et de trompes, qui éclatent avec force et l'étouffent sous leurs sons vigoureux.

Elfrid se relève, frappe du pied, maudit les chasseurs!... Le son des cors s'éloigne, diminue, s'éteint... A peine le dernier écho a-t-il expiré dans l'espace, que la voix reprend, du côté de la chapelle :

> Je suis la voix secrète,
> La voix qui vient des..

Cette fois, ce sont toutes les cloches du village qui sont mises en branle et sonnent à toute volée.

Elfrid est furieux, exaspéré. Il marche avec rage, en portant sa main à ses oreilles.

Les cloches s'arrêtent brusquement, et aussitôt la voix reprend :

> Je suis la voix secrète,
> La voix qui...

Mais le chant est bientôt étouffé sous un nouveau bruit. Toutes les maisons du fond se sont ouvertes, et l'on voit à l'œuvre les forgerons, les sabotiers et les charrons : les coups de marteaux retentissent de tous côtés. Elfrid tire son épée et veut s'élancer sur les ouvriers. Il est contenu par Jacobus et les gens de sa suite, qui viennent d'accourir. A quoi lui servirait d'ailleurs de tuer ces malheureux? Aux coups redoublés des marteaux, se joignent le bruit des cloches et les sons des cors qui se sont rapprochés et éclatent avec plus de force que jamais. Puis, ce sont les paysannes qui accourent en dansant et en frappant sur leurs tambours de basque ; puis, des enfants qui agitent des crecelles. Tous ces bruits se mêlent, se croisent et forment un horrible vacarme, dont Jacobus profite pour entraîner le jeune prince, assourdi, haletant, éperdu.

FIN DU PREMIER ACTE.

ACTE DEUXIÈME.

TROISIÈME TABLEAU.

Le Toucher.

A Belgrade. — Les jardins du palais d'Hassan, gouverneur de Belgrade. —
Des bosquets illuminés par des lanternes, des bassins dont l'eau jaillit. —
A gauche, une galerie extérieure du palais, une sorte de terrasse, à laquelle on monte par un large escalier. — A droite, un hamac attaché à
deux arbres, qui lui font un toit de verdure. — Au fond, un kiosque,
entouré d'un escalier en spirale.

SCÈNE I.

Le gouverneur de Belgrade est entouré des femmes qui forment son harem. Pendant qu'on présente à Hassan le café et
les sorbets, les femmes se livrent à différents jeux. L'une d'elles
se balance dans le hamac, pendant que deux autres agitent
sur son front de légers éventails. D'autres dansent, d'autres
se poursuivent dans les jardins, etc.

Le son du cor se fait entendre : aussitôt les femmes s'arrêtent
au milieu de leurs jeux, et, sur un ordre d'Hassan, elles
baissent leurs voiles.

Un officier du gouverneur paraît et annonce que des visiteurs,
des étrangers se présentent au palais. Hassan ordonne aux es-

claves de faire rentrer ses femmes : mais celles-ci sont curieuses et voudraient voir les voyageurs. Elles échappent aux esclaves, qui les poursuivent à travers les jardins, et finissent par les faire rentrer dans le palais.

SCÈNE II.

On introduit Elfrid et Jacobus. Celui-ci présente au gouverneur le jeune prince.

— « C'est un fils de roi, lui dit-il, qui vous demande l'hospitalité... » et il remet à Hassan un parchemin... Dès qu'il a lu, le gouverneur de Belgrade s'incline devant le prince et met tout son palais à la disposition d'Elfrid. Il s'apprête à donner des ordres : Elfrid l'arrête.

— « Point d'apprêts, de cérémonies... La chaleur est extrême, la nuit est belle, ces jardins sont délicieux.. Je reposerai ici, sur ce hamac. »

Jacobus, lui, craint la pluie, le froid, et il s'accommoderait fort bien d'un bon lit. — « Allez, lui dit Elfrid, laissez-moi seul... je vous en prie... je le veux. »

Avant de sortir, Hassan invite Elfrid à s'approcher d'une des colonnes qui soutiennent la galerie... Il presse un bouton, les lanternes s'éteignent aussitôt, et les jardins sont plongés dans l'obscurité. Hassan tire un anneau, et la lumière reparaît.

SCÈNE III.

Elfrid, resté seul, prend son médaillon et le regarde en souriant avec mélancolie. — « Bonsoir!... semble-t-il dire à sa maîtresse inconnue et invisible... Puis, il s'étend dans le hamac et bientôt il s'endort.

En ce moment, on voit sortir du kiosque Griseldis, toute vêtue de blanc : elle descend le petit escalier en spirale et s'avance vers le hamac. — Elle approche et semble écouter le souffle d'Elfrid endormi.

— « Il est là !... » et ses yeux, ses mains étendues vers lui, disent silencieusement : « Je t'aime !... mon beau prince, je t'aime !... Mais, toi, m'aimes-tu ?... »

Elle approche encore, passe une main légère sur le visage, sur la poitrine d'Elfrid, et elle y trouve le médaillon.—« Oh! oui, oui! tu m'aimes aussi, toi!... » Et elle replace le médaillon sur le sein du jeune prince. Un désir semble l'animer, elle y résiste, le combat : mais l'amour est plus fort que la pudeur elle-même, et elle dépose un baiser sur le front d'Elfrid.

A ce contact, Elfrid s'est réveillé subitement en portant la main à son front, mais Griseldis a déjà disparu derrière les arbres. — « Oui !... là !... sur mon front... se dit Elfrid troublé... un souffle... un baiser peut-être !... Mais non... je suis insensé... c'était encore une illusion... encore un rêve. » Il retombe et s'endort de nouveau.

Une des branches de l'arbre qui couvre le hamac est écartée avec précaution, et la blanche jeune fille reparaît au milieu du feuillage entr'ouvert. Elle se penche, se penche encore, et de ses lèvres timides effleure le front du jeune prince endormi. Elfrid pousse un cri, se lève, et s'élance hors du hamac.

— « Non !... ce n'était pas un rêve, une illusion !... c'était un baiser, un baiser de femme !.. » Et il cherche, il veut saisir l'être mystérieux qui a visité son sommeil.

Pendant qu'il cherche près du hamac, Griseldis a couru vers la galerie, a pressé le ressort indiqué par Hassan, et toutes les lanternes s'éteignent. Sûre alors d'échapper à sa vue : « Il est de ce côté... » se dit-elle, et, comme entraînée par un pouvoir magique, elle vient tomber dans les bras d'Elfrid. Il la saisit, la presse convulsivement contre son sein... ses mains frémissantes parcourent les blanches épaules, les bras, la poitrine de Griseldis... sa bouche cherche et touche le front de la jeune fille... Des voluptés inconnues lui sont révélées, le contact d'une femme semble doubler en lui les forces de la vie... Griseldis, par diverses attitudes, échappe aux étreintes d'Elfrid et se livre de nouveau à ses chastes caresses.

Tout à coup, Elfrid laisse échapper un cri de joie. — « Si c'était celle dont les traits l'ont ravi!... dont la voix l'a enivré!... Oh! il la connaîtra, il la verra!... » Il entraîne doucement Griseldis vers la galerie, cherche, trouve l'anneau, le tire, et les jardins sont illuminés... Mais, plus prompte que l'éclair, Griseldis s'est jetée derrière lui, lui a saisi les deux bras, et, comme pour le braver, danse derrière lui. Elle lui lâche les bras, il se retourne, mais elle a déjà passé de l'autre côté. Elle continue à danser, cachant son visage sous un voile, sous des fleurs, déjouant ainsi tous les efforts qu'il fait pour la voir et riant de son dépit.

SCÈNE IV.

Jacobus paraît sur la terrasse. — Griseldis l'aperçoit et s'enfuit. — Elfrid raconte à Jacobus tout ce qui vient de se passer.

— « Une femme, qui s'est approchée de ce hamac... qui lui a baisé le front, qu'il a saisie dans l'ombre, mais dont il n'a pu voir les traits. »

— « Allons! bon! encore une!... s'écria Jacobus... et de trois! »

Elfrid jure qu'il ne repartira pas sans avoir retrouvé, sans avoir vu cette femme.

Hassan paraît près de Jacobus, qui semble lui dire : «Mon jeune maître a perdu la tête... le voilà encore le jouet d'une folle vision, et vous seul pouvez le détromper... Venez, de grâce, et soyez-nous en aide ! » Ils quittent la galerie.

SCÈNE V.

Elfrid s'élance derrière le bosquet qui abrite le hamac. Griseldis, qui s'était blottie derrière les arbres, revient danser sur le
devant. Quand Elfrid l'aperçoit, elle se dérobe encore à sa
vue, en gravissant l'escalier du kiosque. — Il la poursuit,
elle lui échappe de nouveau.

SCÈNE VI.

Elfrid, au comble du dépit, court, cherche partout. Il veut
monter au kiosque... une femme, vêtue de blanc, en sort. — Il
la regarde, regarde son médaillon. — « Ce n'est pas elle!... » Il
retourne au bosquet. — Deux femmes, également vêtues de
blanc, se présentent devant lui en souriant. «Ce n'est pas elle !...»
Il s'élance vers une grotte ; d'autres femmes en sortent en dansant. — « Ce n'est pas elle ! » Il gravit l'escalier de la galerie ; la
galerie se garnit aussitôt de femmes qui lui tendent les bras. —
Partout, il se trouve en face de femmes nouvelles, de nouvelles
déceptions. — « Ce n'est pas elle ! ce n'est pas elle ! »

Toutes ces femmes du harem d'Hassan s'approchent, l'entourent, et chacune semble lui dire : « Est-ce moi que tu
cherches?... » Mais aucune d'elles n'a les traits chéris qu'il veut
voir, aucune d'elles ne lui revèle une émotion inconnue.

Il veut fuir, il veut quitter ce jardin enchanté, qui semble être
le domaine d'une fée ou d'une magicienne.

Cependant. — O bonheur !... Griseldis paraît au milieu d'elles,
la figure voilée, comme pour le défier encore. Il s'élance vers

elle, elle lui échappe et disparaît... Elle se montre de nouveau, il l'atteint, arrache son voile... Ce n'est plus elle!...

Perçant le feuillage où elle s'est réfugiée, elle rit encore de son dépit, pendant que toutes les femmes du harem enveloppent Elfrid et dansent autour de lui une ronde animée, sans qu'il puisse franchir ce rempart vivant.

FIN DU DEUXIÈME ACTE.

ACTE TROISIÈME.

QUATRIÈME TABLEAU.

L'odorat et le Goût.

Une forêt.

SCÈNE I.

Un rendez-vous de chasse. — Des piqueurs attendent, tenant leurs chevaux par la bride, et l'on entend au loin des fanfares, dont le bruit se rapproche. Bientôt les chasseurs, cavaliers et dames, arrivent de tous côtés, se rencontrent, se saluent ; puis, au signal donné par un piqueur, ils s'éloignent par un des sentiers de la forêt.

Une dernière dame paraît à cheval, suivie d'un écuyer et d'un piqueur : c'est Griseldis, en costume élégant. Elle descend de cheval, s'approche d'une haie, choisit quelques fleurs, dont elle forme un bouquet.—Pour qui ces fleurs?... C'est le secret de Griseldis, qui entr'ouvre le corsage de son amazone et met le bouquet sur son sein. Puis, elle remonte à cheval et rejoint la chasse.

SCÈNE II.

Le théâtre reste vide, et on entend encore l'écho lointain des fanfares. Elfrid et Jacobus entrent, suivis d'une litière.

— « Entendez-vous? dit Elfrid... c'est le son du cor... on chasse dans cette forêt.» Et il regarde au loin.

Jacobus examine le paysage qui les entoure. — « Ce site est charmant... un ombrage épais... une fraîcheur délicieuse... Vous devez être fatigué, monseigneur ; moi, je tombe de lassitude... Nous pourrions nous reposer ici quelques instants et y faire gaîment un repas de voyageurs... Nous avons dans cette litière de merveilleux pâtés et des vins exquis. »

Elfrid, plus triste, plus préoccupé que jamais, l'a à peine écouté... Mais un nouveau bruit attire leur attention.

— « Qu'est-ce encore? » dit Jacobus en regardant au fond.

SCÈNE XII.

On voit paraître des ménétriers de village, qui précèdent un cortége. Une jeune fille les suit, portant une bannière sur laquelle on lit ces mots: FÊTE DES JARDINIÈRES. Derrière cette bannière, marchent en ordre toutes les jardinières du pays, chargées de bouquets, de corbeilles et de guirlandes. Elles s'arrêtent et se livrent à des danses, où figurent les guirlandes et les corbeilles, et qui se terminent par une véritable mêlée de femmes et de fleurs.

Après ce divertissement, les jardinières aperçoivent Elfrid, qui s'était assis à l'écart. Elles courent à lui, l'entraînent au milieu d'elles et lui offrent leurs fleurs, dont elles le prient de respirer le parfum. — « Ce bouquet est composé des plus belles roses du pays... Cette corbeille, cette guirlande, réunit tous les parfums, toutes les couleurs... regardez... respirez... » Mais Elfrid n'éprouve rien.

Un moment, le jeune prince, entouré, pressé de toutes parts, se trouve comme enseveli sous un monceau de fleurs.

SCÈNE IV.

Griseldis reparaît tout à coup, au sommet de la corbeille formée par les jardinières groupées. Elle entr'ouvre son corsage, en retire son bouquet, qu'elle lance adroitement et qui va tomber aux pieds d'Elfrid, au milieu des fleurs amoncelées ; puis, elle s'éloigne rapidement. Elfrid, qui a vu tomber le bouquet de Griseldis, le ramasse précipitamment et le respire.—O sensation inconnue !... cette douce et pénétrante senteur lui semble une émanation de l'être mystérieux qu'il a entendu, qu'il a touché et qu'il n'a jamais vu !... Oui... c'est elle, toujours elle, qui révèle à tous, ses sens une présence invisible. Ou est la main qui lui jeta ce bouquet ?... Il regarde, il cherche... personne !... il se désespère. Les jardinières se moquent du jeune innocent qui préfère à leurs riches corbeilles un pauvre petit bouquet fané. — Jacobus, lui, est prêt à répondre à leurs provocations. « Enivrez-moi de parfums, couronnez-moi, couvrez-moi de roses !... » s'écrie-t-il... Les jardinières lui rient au nez et elles s'éloignent.

SCÈNE V.

Jacobus sé console facilement de leurs refus, en ordonnant à deux valets de servir sur le gazon, au pied d'un arbre, les provisions qui se trouvent dans la litière. Il renvoie les valets, et invite Elfrid à prendre sa part du festin improvisé.

— « Moi ?... répond Elfrid... J'y songe bien !...

— « Mais voulez-vous donc mourir ?...

— « Oui, mourir !... je le voudrais !... Je trouverais peut-être dans une autre vie la femme aimée que je ne puis atteindre en ce monde... Où est-elle, celle qui m'a donné son image et qui m'a jeté son bouquet ?... où s'en est allée celle que j'ai touchée dans l'ombre ?... d'où venait la voix que j'ai entendue ?...

Partout le bonheur s'offre à moi , et partout il m'échappe!.
Oui, je voudrais mourir !

— « Ne mourez pas, du moins, d'inanition... lui dit Jacobus
en lui montrant les apprêts du repas.

— « Eh ! si vous avez faim, lui répondit Elfrid, mangez. »

Jacobus ne se fait pas répéter un pareil ordre. Il prend un
flacon ; mais, avant de se verser à boire, il fait une nouvelle ten-
tative près du prince, en lui vantant le vin qu'il lui offre.

— « Eh bien, soit !... répond énergiquement Elfrid ! en sai-
sissant le flacon... Ne pouvant mourir , je veux perdre la raison
et la mémoire !... »

Elfrid remplit sa coupe, et va boire... mais, aussitôt, il la re-
jette avec dégoût. Jacobus, qui s'est assis à l'écart , boit, mange
avidement, et ne tarde pas à s'endormir.

Le jeune prince envie l'ivresse et le sommeil de son écuyer.

SCÈNE VI.

Griseldis, qui vient de reparaître furtivement, a suivi les mou-
vements et saisi la pensée d'Elfrid.— « Tu voudrais dormir !... pour
retrouver en songe, n'est-ce pas, celle qui t'échappe toujours ?...
Eh bien ! à toi ce sommeil étrange, plein de rêves divins , qui,
dit-on, transporte l'âme et la pensée au ciel !... » Et, par un
effort suprême de volonté , étendant vers lui les mains, l'enve-
loppant tout entier de son regard, elle semble dire : « Dormez,
je le veux !... dormez ! »

Le premier geste de Griseldis a fait tressaillir Elfrid, qui ne peut
se rendre compte de ce qu'il éprouve... Bientôt, ses yeux
demeurent immobiles, son regard devient fixe... De nouveaux
effluves magnétiques le pénètrent tout entier et le plongent dans
une complète extase. Soudain, levant les yeux au ciel, Griseldis

semble s'écrier : « Séjour de Dieu et des anges, ouvrez-vous
pour lui ! »

Alors commencent pour Elfrid toutes les hallucinations du
sommeil extatique. — Des êtres surnaturels paraissent, au milieu de nuages légers, tenant des harpes, des lyres, et faisant
entendre une musique céleste.

Pendant que ces visions se réalisent, Griséldis remplit une
coupe, la porte à ses lèvres et la présente ensuite à Elfrid. —
Tout à coup, les sons du cor annoncent l'approche de la chasse :
Griseldis se hâte de rompre le sommeil d'Elfrid et s'échappe
aussitôt.

Le prince, éveillé, tenant encore la coupe, l'approche de sa
bouche... et boit avec volupté, avec délices, cette liqueur qui a
touché les lèvres d'une maîtresse !

SCÈNE VII.

Les chasseurs reparaissent de tous côtés, et, à cette scène
calme et silencieuse, succèdent le bruit, le mouvement et l'ani-
mation de la chasse.

FIN DU QUATRIÈME TABLEAU.

CINQUIÈME TABLEAU.

La Vue.

A Jassy. — Le palais de l'Hospodar.

SCÈNE I.

Le prince Elfrid est introduit en grande pompe au palais de
l'Hospodar, par l'ambassadeur qui lui a porté l'anneau et la cou-

ronne. L'ambassadeur lui annonce que la princesse va paraître et qu'aussitôt s'accompliront les cérémonies du mariage.

— « Vous avez fidèlement gardé, monseigneur, l'anneau des fiancailles, que vous devez rendre à la princesse?

— « Le voici, » répond Elfrid.

On se retire, et le prince reste seul.

SCÈNE II.

C'en est donc fait! Il faut dire adieu à ses rêves évanouis!... Il faut descendre du ciel, où l'avaient transporté ses mystérieuses amours!... Il faut tout oublier, et anéantir ces gages précieux, seule réalité au milieu de tant d'illusions! — « Adieu, portrait chéri!... adieu, fleurs qui me veniez d'elle! » — Il couvre de baisers le médaillon et le bouquet, et il va les briser, en détournant les yeux...

UNE VOIX, *chantant.*

Arrête, enfant, arrête!
Garde un bien précieux...
Je suis la voix secrète,
La voix qui vient des cieux!

Elfrid s'est élancé du côté d'où vient la voix.

SCÈNE III.

Au même instant, Griseldis paraît du côté opposé. Elle est en chevrière et porte sur la tête un vase de lait que ses deux bras soutiennent en s'arrondissant comme les deux anses d'une amphore.

Elfrid se retourne. — «O miracle!...C'est elle!... c'est bien elle! — Il la reconnaît, il la voit enfin, et il ne peut se rassasier de sa vue, et une sorte de délire semble s'être emparé de lui. Griseldis s'efforce de le calmer; mais il doute encore!

—« Est-ce bien toi, toi, que j'ai partout rencontrée, que mon cœur a devinée partout ?...

—« Toujours moi, lui répond Griseldis. Une femme s'est penchée, une nuit, sur ton front endormi, et t'a donné son premier baiser, ton premier bonheur... Cette femme, c'était moi... Sa main invisible t'a jeté un bouquet longtemps réchauffé sur son sein...

— « Le voici, ce bouquet !... s'écrie Elfrid.

—« C'était le mien... Une voix a chanté pour toi dans les ruines d'une chapelle... C'était ma voix. »

Elfrid tombe à ses pieds, fou d'amour et de bonheur.

Mais elle le regarde tristement, les yeux pleins de larmes.

—« Et tu vas abandonner sur ton chemin cet amour qui t'a partout et toujours suivi, pour donner ton cœur et ta vie à une étrangère !...

— « Non !... jamais ! Ma fiancée, ma femme, c'est toi ! Cet anneau des fiançailles qui m'engage à jamais, je te le donne , le voici ! » — Et Elfrid , s'agenouillant, passe au doigt de la chevrière l'anneau des fiançailles.

On entend un air de marche. Griseldis s'arrache des bras d'Elfrid et s'enfuit.

SCÈNE IV.

Jacobus accourt.

— « Prince, voici votre fiancée qui s'avance !

—« Ma fiancée! s'écrie Elfrid... Non ! qu'on ne me parle plus de ce mariage odieux !... car je l'ai retrouvée, je l'ai vue enfin, celle que je cherchais, pour lui donner ma vie !... Adieu ! »

Il veut s'élancer sur les pas de Griseldis. Jacobus le retient, so jette à ses genoux, le supplie de l'entendre. L'air de marche s'est rapproché peu à peu, un cortége se montre, précédant la fille de l'hospodar.

Elfrid ne fuira pas comme un lâche ; il veut lui-même dire à la princesse : « Jamais d'alliance entre nous... renoncez à moi... Adieu !... »

SCÈNE V.

La princesse paraît enfin, couverte d'un long voile... Elfrid s'élance vers elle... Mais il s'arrête, muet de surprise et de bonheur, en reconnaissant la voix qu'il a deux fois entendue, et qui lui chante encore :

> Arrête, enfant, arrête !
> Ne quitte pas ces lieux !
> Je suis la voix secrète
> La voix qui vient des cieux !

Le voile tombe.- La princesse, c'est Griseldis elle-même, qui tend la main au jeune prince et lui montre son anneau de fiançailles.

Divertissement.

FIN.

Imprimerie Dondey-Dupré, rue Saint-Louis, 46, au Marais.